DE L'ALGÉRIE

ET DE

NOS COLONIES

AU

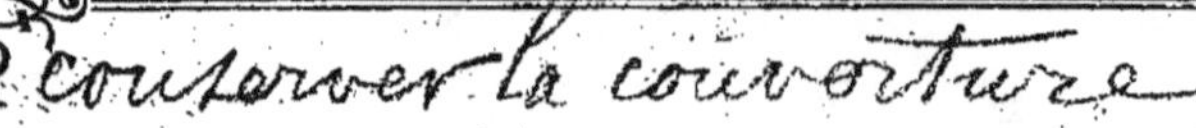

POINT DE VUE FRANÇAIS ET ANGLAIS,

PAR

M. OSWALD TAILLEFER,

Enseigne de vaisseau.

PÉRIGUEUX,

IMPRIMERIE DUPONT ET Ce, RUES TAILLEFER ET AUBERGERIE.

1861.

DE L'ALGÉRIE

ET DE

NOS COLONIES

AU

POINT DE VUE FRANÇAIS ET ANGLAIS.

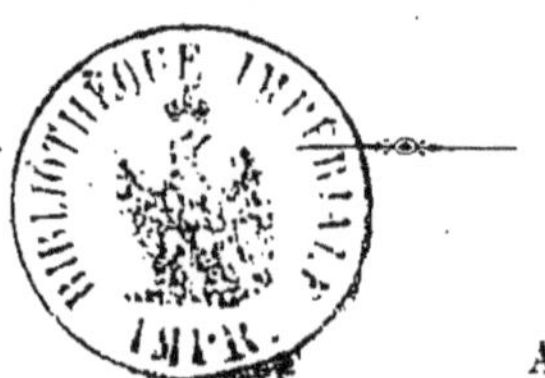

Alger, le 1er Avril 1861.

Malgré la prospérité intérieure de la France, malgré l'influence de son génie civilisateur au-déhors, il semble qu'aujourd'hui notre patrie est impuissante à coloniser de nouveaux territoires; car si pendant les trente dernières années, nous avons arboré notre drapeau sur de lointains rivages, les résultats obtenus après d'immenses efforts constatent l'inutilité des sacrifices que nous avons faits pour attirer dans nos nouvelles possessions une population européenne indispensable pour assurer la conquête et développer la production locale. Cependant il n'en a pas toujours été ainsi, et en nous reportant à deux siècles en arrière, nous voyons les enfants de Saint-Malo, dignes successeurs des aventuriers normands, découvrant, puis peuplant le Canada, tandis que les cadets de famille, exclus

par les lois de cette époque de l'héritage immobilier, allaient
s'établir à la Louisiane ou aux Antilles, dont les immenses sa-
vanes étaient défrichées avec une rapidité merveilleuse. C'est à
la régénération sociale de la France, accomplie entre les règnes
de Louis XIV et de Napoléon III, qu'il faut attribuer notre état
actuel d'infériorité vis-à-vis des Anglais, quand il s'agit pour
nous de créer quelque chose de grand en face de Marseille,
c'est-à-dire à quelques heures de nos côtes, alors que nos
rivaux colonisent facilement l'Australie, placée à 9,000 lieues
des leurs.

L'organisation civile de notre pays rendant inutile toute
tentative de colonisation, le but de notre gouvernement doit
être de chercher au dehors des consommateurs pour nos produits et non de nouveaux territoires à conquérir. Ce n'est point,
comme on le répète sans cesse, parce que l'Angleterre a un
grand empire colonial qu'elle est une grande puissance commerciale, mais parce qu'elle a une industrie gigantesque. L'Angleterre fait presque autant d'affaires avec Hambourg, Brême
et Lubeck qu'avec les Indes-Orientales, où elle règne en sou-
veraine sur de vastes territoires et sur plus de cent millions de
sujets. Derrière les villes hanséatiques, en effet, il y a l'Allemagne qui produit et qui consomme, tandis que les cent millions
d'Indous ne consomment pas plus qu'ils ne produisent. Ne
doit-on pas conclure de là que les colonies contribuent à la
prospérité commerciale de la mère-patrie, mais ne la font pas,
et que, quoique la France n'ait que quelques pauvres et rares
établissements épars sur les mers, elle n'est pas condamnée à
admirer et envier toujours la fortune de l'Angleterre en déses-
pérant de jamais l'atteindre?

Les colonies ne peuvent rendre à la métropole que des services de deux espèces, soit qu'on les considère à un point de
vue purement commercial, soit qu'on les considère comme

positions militaires pouvant offrir, en cas de guerre maritime, un port de ravitaillement aux navires de l'État, un refuge assuré aux bâtiments de commerce poursuivis par les croiseurs ennemis. Un rapide coup-d'œil jeté sur nos possessions lointaines nous permettra de constater que la France n'a de sérieuses relations commerciales qu'avec les quelques îles que les Anglais n'ont pas jugé à propos de s'approprier en 1815, c'est-à-dire avec les Antilles et Bourbon. Ces colonies, presque ruinées par l'affranchissement des noirs, commençaient à se relever par suite de l'importation des travailleurs libres, quand est survenue la nouvelle législation douanière, diminuant de beaucoup les droits protecteurs sur les sucres et les cafés coloniaux. Si cette mesure n'est pas suivie dans un bref délai de l'abolition des tarifs différentiels et des restrictions de toute sorte que nous imposons à ces malheureuses îles, tant pour le transport de leurs produits sous pavillon étranger que pour l'importation des objets nécessaires à leur consommation, nous aurons porté le dernier coup à ce qui reste de notre ancienne puissance coloniale. Le Sénégal est aujourd'hui la seule de nos colonies qui progresse, la seule qui rapporte plus qu'elle ne coûte, malgré l'inclémence de ses rivages ; mais sa prospérité n'est due qu'à des circonstances toutes locales. Là, en effet, à cause du climat meurtrier, on ne pouvait songer à attirer une population émigrante ; on s'est alors borné à élever dans de bonnes positions défensives des comptoirs fortifiés, qui sont devenus les centres autour desquels on a lié des relations d'affaires. Disons aussi à la louange du gouvernement local qu'il a toujours évité la guerre, et que, s'il s'est vu souvent contraint à la faire, il a profité de la première occasion favorable pour traiter de la paix.

Quant à nos colonies des mers du Sud, notre occupation, au lieu d'être un bienfait pour les naturels, a arrêté une civilisation naissante, a paralysé un commerce déjà important. Des règlements de police sévères, des droits d'ancrage élevés ont éloigné de ces îles les baleiniers américains, qui y passaient autrefois la saison d'hivernage ; et Taïti, qui, avant le protectorat, était visitée chaque année par plus de 200 baleiniers, ne voit actuellement qu'à de rares intervalles le pavillon de l'Union flottant dans son beau port de Papeete, entre ses cocotiers gigantesques agités par les brises du Pacifique.

Depuis quelques années, nous avons entrepris de nous établir en Nouvelle-Calédonie et en Cochinchine ; mais les mêmes causes produisant toujours les mêmes effets, il est probable que nos essais de colonisation seront infructueux. Ainsi, en résumé, celles de nos colonies qui sont pacifiées sont pour la mère-patrie une lourde charge et absorbent, sans voir le terme des sacrifices s'approcher, une partie de ses forces vives. Que dire des autres ? Dieu veuille que les expéditions qu'on va entreprendre pour soumettre la Nouvelle-Calédonie et la Cochinchine soient heureuses, et que l'argent et le sang de la France ne soient pas inutilement versés !

Mais si nos établissements lointains nous coûtent fort cher en temps de paix, il serait raisonnable d'espérer qu'ils nous rendraient de grands services en temps de guerre. Cependant, en consultant nos annales maritimes, nous voyons que, même lors de notre prospérité coloniale, ils nous ont été plus nuisibles qu'utiles, en ce sens qu'après diverses alternatives, les Anglais s'en sont presque toujours rendus maîtres, et qu'alors leurs ressources ont été dirigées contre nous. Serait-il permis d'espérer un tout autre résultat si la guerre éclatait entre la France et l'Angleterre ? Nous ne le croyons pas, car la plupart des points que nous occupons sont imparfaitement fortifiés, et, par suite, impropres à mettre à l'abri le nouvel élément indispensable dans un conflit maritime : le charbon. Aujourd'hui que la vapeur tend à devenir le moteur unique des navires de guerre, et qué l'on ne conserve la voilure que comme force accessoire, l'avantage, toutes choses égales d'ailleurs, appartient nécessairement à qui dispose de la houille. Or, l'Angleterre, ce bloc de fer et de houille au milieu de l'Océan, a sous sa dépendance presque toutes les mines de charbon du monde. Le Cap-Breton, l'Australie, sont les dépôts inépuisables où ses croiseurs sont toujours assurés de pouvoir renouveler leur combustible. Du reste, eussions-nous, comme les Anglais, des forteresses à l'entrée de tous les détroits, à l'embouchure des grands fleuves, pourrions-nous dire, avec les étonnantes transformations que subissent à la fois les constructions navales et l'artillerie, qu'elles ne seraient pas détruites de fond en comble par ces nouveaux bâtiments, réunissant à une grande vitesse l'avantage de pouvoir s'approcher impunément des batteries les plus redoutables? D'ailleurs, le grand principe de la guerre n'exige-t-il pas la concentration absolue de nos forces navales, quand nous savons d'avance que nos adversaires disposent d'un nombre de navires double du nôtre? Ne faudrait-il pas alors, si une guerre entre la France et l'Angleterre devenait imminente, abandonner nos possessions lointaines pour réunir des flottes imposantes dans la Méditerranée et dans la Manche?

Depuis les temps les plus reculés, toutes les nations se sont disputées la prépondérance dans le bassin de la Méditerranée. Dans l'antiquité, où la vie commerciale n'était guère développée que sur les côtes orientales de cette mer, c'est Tyr, puis Alexandrie, qui furent le grand marché du monde. Ensuite, elle sert de théâtre aux luttes opiniâtres des Romains et des Carthaginois. Au moyen-âge, où l'activité humaine se déplace et se porte à l'occident, où l'Italie, située au centre, se couvre de riches cités commerçantes, la civilisation naissante et la barbarie turque se livrent des combats acharnés dans l'Adriatique. En 1815, l'Angleterre profite du succès de sa lutte avec le premier empire pour conserver Malte, qui domine les deux grands bassins de la Méditerranée, pour s'emparer de Corfou, d'où elle surveille Trieste et le commerce de l'Allemagne du sud. L'Autriche profite de notre abaissement pour rentrer à Venise; la Russie établit définitivement sa domination sur les bords de la mer Noire. De nos jours, nos navires ont sillonné cette mer dans tous les sens, pour transporter et ravitailler notre armée en Crimée et en Italie. Les brûlantes questions de la politique contemporaine touchent à la possession d'une partie de ses rivages. C'est donc sur ses bords qu'il faut asseoir notre juste influence en Europe sur des bases inébranlables.

En face de Marseille et de Toulon, nous possédons l'Algérie et ses 1,000 kilomètres de côtes; la cession de la Sardaigne nous rendrait maîtres absolus des trois côtés de cet immense quadrilatère, dont une nation amie, l'Espagne, occupe le quatrième côté. Mais quelque désirable que soit cet agrandissement territorial, fût-il même ratifié par le vote populaire, que notre gouvernement en l'acceptant réveillerait les défiances excitées en Europe par l'annexion de la Savoie et de Nice, et l'amour-propre national de nos alliés les Italiens en serait cruellement froissé. Du reste, pour dominer dans cette partie du bassin méditerranéen, nous pouvons nous passer de la Sardaigne; mais pour cela il faut que la France, cessant au loin ces inutiles expéditions, qui n'ont même pas le mérite d'accroître la gloire de ses armes, concentre toutes ses ressources disponibles pour hâter le développement de la colonisation algérienne. Il est temps, enfin, que nous dissimulions sous de riches moissons les ruines que notre conquête a faites. Non, il ne sera pas dit qu'un sol inépuisable, un climat des plus doux, tous les dons que la nature peut prodiguer à une terre favorisée, deviendront des faveurs stériles du moment où nous nous en serons emparés!

Ayons plus de confiance dans notre gouvernement ; il a fait ses preuves en Europe ; il dirige la France dans une voie de prospérité jusqu'ici inconnue. De tous côtés se multiplient les voies de communication ; bientôt nous aurons partout un canal ou un chemin de fer à portée de nos usines et de nos mines ; l'industrie se multiplie, la consommation augmente, et tout en donnant beaucoup au commerce, il donne davantage encore à l'agriculture. Les avantages naturels d'une position géographique unique au monde sont connus du chef de l'Etat. Ils doivent nous permettre dans une courte période, et tout en réalisant les merveilles de la paix, de réparer nos désastres militaires d'une autre époque. C'est l'Algérie qui doit devenir l'entrepôt du commerce européen avec la Chine et l'Inde, quand le canal de Suez mettra en communication la Méditerranée et la mer Rouge. C'est la charrue à la main que les colons algériens peuvent prendre une revanche de Trafalgar et de Waterloo.

Après l'illustre maréchal Bugeaud, qui eut la gloire d'organiser et de commander les expéditions qui portèrent les derniers coups à la résistance du peuple arabe, les gouverneurs placés à la tête de la colonie semblent avoir été dominés par la pensée de l'administrer à l'image de la France ; tous leurs arrêtés, tous leurs efforts tendaient au même but : coloniser avec des Français. Or, ce résultat est-il possible en ce moment? Est-il permis de l'espérer dans un avenir plus ou moins éloigné? N'est-ce pas là le véritable écueil contre lequel ont échoué et contre lequel échoueront tous les modes de colonisation tentés en Afrique? Telle est la question que nous allons examiner.

Constatons tout d'abord que l'émigration est un besoin que la France n'éprouve pas. En examinant les statistiques publiées par le ministère de l'intérieur, on voit que, dans un intervalle de dix ans, 200,000 Français seulement émigrent, tandis que le Royaume-Uni a fourni dans la même période plus de trois millions d'émigrants. En France, à part les Basques et quelques habitants des départements de l'Est, qui vont demander aux solitudes de l'Amérique le bien-être qui leur manque dans leurs montagnes, ce sont les villes qui fournissent la masse de la population qui va se fixer à l'étranger. L'intérêt bien entendu de notre pays est de diriger vers l'Afrique l'émigration agricole. Quant aux ouvriers et aux petits commerçants qui se rendent dans diverses parties du monde pour y exercer leurs professions, ce serait une faute grave que de les attirer en Algérie, où ils augmenteraient le nombre des consommateurs sans augmenter celui des producteurs. Du reste, ces émigrants ne quittent la France qu'avec l'intention d'y retourner après avoir rassemblé une certaine somme qu'ils se sont fixée d'avance. Quand ils ont épargné ce capital, ils auraient la faculté d'augmenter le nombre de leurs affaires et ils verraient leurs fortunes s'accroître rapidement, s'ils n'abandonnaient alors les villes où leurs industries prospéraient pour venir achever leurs jours dans les lieux où ils sont nés. Voilà pourquoi, à part les agents des grandes compagnies maritimes, on rencontre peu de riches négociants français à l'étranger; tandis que les Anglais, qui se considèrent partout où leurs intérêts les appellent comme dans leur propre patrie, monopolisent le haut commerce et, en s'enrichissant eux-mêmes, ouvrent aux manufactures anglaises de précieux débouchés.

L'émigration française en Afrique a été plutôt commerciale qu'agricole, si on peut s'exprimer ainsi. En effet, sur 100,000 Français établis en Algérie, on en compte à peine 20,000 se livrant exclusivement à la culture de la terre. Dans les provinces d'Oran et d'Alger, presque toutes les petites concessions exploitées appartiennent à des Espagnols. La province de Constantine, la plus riche en cours d'eau et par conséquent la plus fertile, possède une population rurale en majeure partie composée de Français. Mais là aussi le colon aisé se sert ordinairement d'indigènes pour cultiver ses terres ; il y gagne comme économie de main-d'œuvre, et se trouve dispensé de construire les bâtiments indispensables pour loger les ouvriers européens.

La véritable population agricole, celle qui manque en Algérie, ne quittera la France que le jour où elle ne pourra plus y posséder de terres. Mais avec l'extrême division de la propriété foncière telle qu'elle existe dans notre pays, et qui malheureusement s'accroît chaque jour avec l'égalité des partages en matière de succession, l'habitant de la campagne est presque toujours propriétaire, et s'il ne l'est pas, comme fermier ou métayer, il gagne assez pour subvenir aux besoins de sa famille, souvent même pour épargner quelque argent. Un nombre considérable d'anciens soldats sont rentrés dans leurs villages après avoir servi en Afrique ; ils ont dû raconter à leurs parents, à leurs amis, qu'il existait une vaste région où la terre fertile n'attendait que le travail de l'homme pour la féconder. Et cependant les plus pauvres habitants de nos campagnes ne se sont pas décidés à accepter un exil qui les obligeait à changer leurs habitudes. D'ailleurs, il est prouvé aujourd'hui par une expérience de trente années qu'un colon sans quelque fortune personnelle ne peut pas réussir en Afrique. Tout nouveau venu doit posséder un capital suffisant pour acheter le terrain qu'il désire exploiter, bâtir une maison, des étables, se procurer les bestiaux indispensables à toute entreprise agricole ; et nourrir sa famille pendant le temps qu'il mettra à défricher sa concession. Or, quel est le paysan français qui, ayant en terres ou immeubles une valeur de 7 à 8,000 fr., ne songera pas plutôt à arrondir sa propriété en achetant, quand ses économies le lui permettront, le champ attenant au sien, qu'à vendre ce qu'il possède déjà pour se lancer dans le domaine de l'inconnu ! Eût-il même le désir de quitter son village, qu'il ne pourrait réaliser

immédiatement la somme provenant de la vente de son bien.
Ne résulte-t-il pas de tous ces faits qu'il faut renoncer à l'idée
de peupler l'Algérie, du moins rapidement, avec des cultivateurs français?

Après avoir essayé des villages administratifs, on a proposé
de créer des villages départementaux. Ce sera, disait-on, une
excellente affaire à la fois pour les départements qui se débar-
rasseront de pauvres dont l'unique ressource est la mendicité
l'hiver, le maraudage l'été, et pour l'Algérie, qui verra ainsi sa
population agricole s'augmenter. Mais le transbordement d'une
famille et son établissement sur le sol africain ne devant pas
coûter moins de 5,000 fr., quel est le conseil général qui vou-
drait grever le budget départemental d'un million pour obtenir
le départ de deux cents familles pauvres? Les partisans de la
colonisation à tout prix, allant plus loin encore, veulent que
l'Etat déclare d'utilité publique l'envoi en Afrique de cent mille
familles de cultivateurs, c'est-à-dire qu'il dépense d'un seul
coup 500 millions. Sans parler de la situation financière de la
France, qui n'est pas assez prospère pour faire un tel essai, on
peut dire que l'Algérie gagnerait quelque chose à ce déplace-
ment de population, mais que notre pays compterait deux cent
mille travailleurs de moins, et n'est-ce pas déjà un assez grand
fléau pour le propriétaire foncier, que la dépopulation toujours
croissante des campagnes au profit des grandes villes, que
l'augmentation constante des frais d'exploitation qui en est une
conséquence forcée? D'ailleurs, la colonisation est une ressource
que les grandes nations doivent tenir en réserve pour l'époque
où elles auront un excès de population; or, si ce moment est
arrivé depuis long-temps pour l'Angleterre, il n'en est pas de
même pour la France, où la population pourrait doubler que ni
le territoire, ni le travail ne manqueraient.

En ce moment, l'industrie prend possession du sol algérien :

les chemins de fer ont été décrétés et concédés, la première pierre du boulevard de l'Impératrice a été posée. Mais ces grands travaux produiront-ils les résultats favorables qu'on paraît en attendre ? En Europe, aux Etats-Unis, on n'a créé des voies ferrées que dans des pays où l'industrie, l'agriculture, le commerce, étaient déjà développés ; les compagnies savaient d'avance par la circulation des voyageurs, le transport des marchandises sur les routes ordinaires, que les recettes seraient supérieures aux dépenses. En Algérie, où les centres agricoles manquent, où la grande ressource est de faire du blé et du tabac, les chemins de fer ne transporteront qu'un nombre très limité de voyageurs, et quant aux marchandises, les tarifs actuels ne permettront pas aux commerçants d'abandonner pendant la belle saison le transport si peu coûteux que font les Arabes avec leurs chameaux et leurs mulets ; en outre, la prospérité d'un chemin de fer repose sur la construction préalable d'une bonne viabilité, de manière que les contrées traversées puissent expédier leurs produits de toutes sortes aux différentes stations, et malheureusement en Algérie la plupart des routes sont impraticables pendant la saison des pluies. L'Egypte aussi possède un chemin de fer, construit dans des conditions analogues et auquel un bel avenir semblait réservé. Il était naturel d'espérer que le commerce, pour abréger de plusieurs milliers de lieues la route entre l'Europe et l'Inde, se servirait de la voie ferrée entre Suez et Alexandrie, et cependant il n'en a rien été. N'est-ce pas une preuve concluante de l'impuissance de ce mode de locomotion pour créer une circulation là où il n'en existe aucun germe ? Le gouvernement, en décrétant les chemins de fer algériens, a eu pour but de faire circuler un peu d'argent dans la colonie, mais la plus grande partie du capital de la compagnie sera employé à l'achat du matériel et sera forcément dépensé à l'étranger. Quant aux travaux de terrassement, ils seront faits par les Kabyles, et les colons seront en définitive ceux qui gagneront le moins à l'exécution de ces grands travaux.

C'est ici le cas de remarquer le peu d'ordre qui a présidé à l'établissement des villages algériens et l'insouciance des fonctionnaires, qui ont trop facilement accordé d'immenses concessions ou reconnu la validité d'acquisitions, dépassant quelquefois 20,000 hectares, qui avaient été faites dans les premières années de la conquête. Si l'on s'était étendu circulairement autour des villes maritimes, en ne s'écartant qu'à mesure que les terrains incultes auraient été défrichés, les colons se seraient protégés mutuellement lors des soulèvements des indigènes, et les chemins de fer, en traversant des lieux habités par un nombre suffisant d'Européens, auraient possédé tous les éléments nécessaires à leur prospérité. Au lieu de cela, on a voulu occuper tout le pays à la fois, et c'est surtout en jetant les yeux sur une carte d'Algérie qu'on aperçoit la trace du passage des généraux au pouvoir. Presque tous les villages, en effet, sont échelonnés le long des routes militaires à distance d'étape. Doit-on s'étonner si des créations conçues dans de semblables idées n'ont pas réuni les conditions de réussite nécessaires? Quelquefois même ne s'est-on pas aperçu trop tard que les habitants y manqueraient d'eau?

La colonisation de l'Algérie soulève des questions tellement complexes, que les solutions, proposées par de nombreuses commissions, tant législatives qu'administratives, successivement nommées pour désigner le meilleur mode de constitution à donner à notre colonie, ont été rejetées par les divers gouvernements qui se sont succédé en France depuis le jour de la conquête. L'Algérie, en effet, avec ses 2,500,000 indigènes, ne peut être comparée ni à l'Amérique du Nord, où les peuplades indiennes disparaissent à mesure que les Anglo-Américains s'avancent dans l'intérieur des terres, ni à l'Australie, où les naturels appartiennent au dernier degré de l'espèce humaine, et sont refoulés par la race anglo-saxonne, qui ne s'arrête qu'en présence du désert. En nous emparant de l'Algérie, nous avons rendu les Arabes sujets de la France malgré eux ; ils nous détestent, parce que nous sommes chrétiens et que nous avons envahi leur pays. Chaque mesure que nous prenons à leur égard, et qui change la moindre de leurs habitudes, les blesse profondément. Ce sont autant de griefs dont ils conservent l'espoir de nous demander compte un jour. Toute colonisation a pour conséquence forcée l'extermination, l'expulsion, l'oppression ou l'assimilation des peuples auxquels elle tend à se substituer. Nous avons dû nous borner à tenter de nous assimiler les Arabes, ne pouvant songer ni à les exterminer, ni à les expulser, ni à les opprimer. Mais, si nous considérons les changements qui se sont produits dans la manière d'être des populations indigènes, qui vivent en contact avec nous depuis notre établissement en Afrique, et qui ont pu apprécier mieux que les tribus de l'intérieur les bienfaits de notre civilisation et la manière bienveillante dont nous les traitons, nous voyons que, quoiqu'elles eussent toutes les raisons possibles d'être policées, d'être usées par le contact et de s'effacer, elles ont tout retenu : leurs usages, leurs superstitions, leurs costumes et cette croyance opiniâtre dans la religion du passé. On pourra déposséder entièrement le peuple arabe sans obtenir de lui quoi que ce soit qui ressemble à l'abandon de lui-même ; il disparaîtra peut-être avant de se mêler à nous. Aujourd'hui la paix est faite en apparence, mais que de sang et d'or ne nous a-t-elle pas coûtés ! Durera-t-elle, et que produira-t-elle ? Grande question qui se débat en Algérie comme en Syrie, partout où l'Orient partage un pouce de territoire avec l'Occident, partout où les nationalités opprimées se préparent à refouler leurs oppresseurs.

Notre patrie semble avoir été choisie par la Providence pour protéger les idées grandes et généreuses ; à elle donc il appartient de faire disparaître les nombreuses difficultés que présente la civilisation des indigènes. Les Arabes sont restés après notre occupation aussi fanatiques et indolents qu'ils l'étaient pendant la domination turque ; mais rappelons-nous que ce ne fut qu'après un séjour de plusieurs siècles sur le sol de l'Andalousie que les descendants des Omniades parvinrent à construire ces monuments fameux dont Séville, Grenade et Cordoue sont fières à juste titre. Le spectacle que nous offre depuis quelques mois le royaume de Naples nous prouve combien il est difficile de gouverner des populations arrachées depuis peu au despotisme le plus absolu ; doit-on en conclure que la nouvelle génération napolitaine ne se considérera pas plus tard comme fort heureuse de posséder un gouvernement libéral ? C'est en s'emparant le plus tôt possible de l'instruction de la jeunesse que le nouveau roi d'Italie préparera à son successeur un règne moins agité ; c'est aussi en multipliant dans notre colonie les écoles franco-arabes que nous parviendrons à nous attacher les jeunes indigènes, élevés soigneusement jusqu'à ce jour dans les principes les plus hostiles à notre domination sur leur pays. D'un autre côté, la constitution de la tribu oppose à notre influence civilisatrice une barrière infranchissable ; et, en effet, tant que le régime féodal exista en France, l'agriculture et l'industrie restèrent à peu près stationnaires ; quand elles se réveillèrent d'une longue léthargie, l'intolérance religieuse de Louis XIV vint leur porter un coup funeste. La population de notre pays n'augmenta rapidement, la production et la consommation ne prirent un essor extraordinaire qu'à partir du moment où le sol ne fut plus la propriété exclusive d'un petit nombre d'individus et où fut décrétée la liberté des cultes. L'Arabe n'a pas plus d'intérêt que le serf n'en avait autrefois à faire produire à la terre au-delà de ce qui lui est strictement indispensable pour nourrir sa famille : pourquoi travaillerait-il quand il sait que tous ses efforts pour acquérir de l'aisance serviraient tout au plus à augmenter les richesses des chefs ? Il est à regretter que le vœu émis par le président du conseil général d'Alger à sa dernière session n'ait pas été pris en sérieuse considération ; il aurait eu sans nul doute, comme conséquence forcée, la dissolution de la tribu dans un délai plus ou moins éloigné. Le président du conseil général demandait que l'impôt sur la terre, étendu aux habitations, gourbis et tentes, fût le seul conservé, et cela sans distinction entre Européens et indigènes. C'était mettre l'ordre dans le chaos. On supprimait du même coup l'impôt du dixième sur la récolte, le droit sur le bétail, toutes les autres contributions directes, ainsi que les taxes de consommation ; la perception de l'impôt devenait ainsi la plus simple et la moins onéreuse possible et ne se prêtait ni à l'arbitraire ni à l'exaction.

Quels que soient d'ailleurs les progrès qui seront obtenus en essayant de civiliser les indigènes, nous ne devons pas nous borner à poursuivre ce but unique. L'Algérie est assez vaste pour permettre de donner des terres à l'émigration européenne, tout en laissant les Arabes paisibles possesseurs d'une grande partie du territoire. Ce n'est que par l'échange des produits de nos manufactures avec les denrées alimentaires que peut fournir l'Afrique française, qu'il nous sera possible de retirer dans l'avenir quelques avantages de cette conquête, jusqu'à présent si coûteuse pour notre patrie. Malheureusement un commerce sérieux ne saurait exister entre nous et les Arabes, car toutes nos transactions avec eux ont constamment pour résultat de leur donner notre argent de la manière la moins avantageuse ; et, à part quelques matières brutes, telles que les laines destinées à subir une transformation, ils ne nous donnent en échange de

nos espèces métalliques que des bestiaux, des fruits, des
légumes destinés à être consommés, et dont la valeur ne tarde
pas à être anéantie. Les produits manufacturés que les Arabes
nous achètent étant très peu nombreux, il en résulte qu'une
fois entre leurs mains, notre argent est aussitôt retiré de la
circulation. Un tel état de choses ne cessera que lorsque la colonie possèdera une population dont les besoins à satisfaire
seront les mêmes que les nôtres ; dès-lors, par des transactions
mutuelles, il s'établira une circulation monétaire telle qu'elle
existe entre les diverses contrées de l'Europe.

Nous croyons que notre gouvernement a échoué dans les
diverses tentatives qu'il a faites pour affaiblir la répulsion invin-
cible que les Allemands et les Irlandais éprouvent à aller se
fixer en Afrique, parce qu'il a toujours reculé devant l'adoption
du principe de la libre colonisation, joint à une constitution
assez libérale pour ne froisser aucune race d'émigrants.

Dans une autre partie du monde, mais dans notre hémis-
phère, par la même latitude que l'Algérie, il existe une région
qui n'était connue, il y a quatorze ans à peine, que par les
rares voyageurs qui doublaient le cap Horn pour arriver, après
une longue et périlleuse navigation, dans l'Orégon et la Californie. L'or est découvert par hasard dans le lit d'un torrent
desséché. Des milliers d'aventuriers, rebuts des populations de
l'ancien et du nouveau monde, s'embarquent aussitôt pour ce
pays. D'abord des crimes fréquents se commettent, les auto-
rités sont soudoyées pour laisser échapper les rares criminels
tombés entre les mains de la justice. Comme rien ne remplace
l'initiative individuelle de l'homme, qui se trace lui-même son
programme, au milieu de cette épouvantable anarchie se forme
un comité de vigilance surpassant en courage, en abnégation et
en dévouement les meilleures polices d'Europe. Les plus terri-
bles malfaiteurs sont saisis, jugés et exécutés ; dans l'intervalle

de trois ans, toute la contrée est débarrassée des assassins et des filous de tous genres qui y pullulaient. Aujourd'hui, un ordre parfait règne dans l'État, des centaines de bateaux à vapeur sillonnent dans tous les sens la vaste rade de San-Francisco, la Californie compte près de douze cent mille âmes, et l'agriculture a pris un essor tellement prodigieux, que les mines sont délaissées par les nouveaux arrivants, qui aiment mieux demander à la culture de la terre une fortune peut-être moins rapide, mais aussi sujette à moins de déceptions.

On ne doit pas seulement attribuer un fait aussi remarquable à l'étendue de cette vaste région, à la fertilité du sol, à la douceur du climat; beaucoup d'autres contrées dans le monde ont reçu de pareils dons de la nature. L'Algérie a sur ses rivales l'avantage de sa position dans le bassin méditerranéen; mais n'est-ce pas aux Etats-Unis que se rendent de préférence les émigrants de toutes les nations? L'Allemand luthérien et l'Irlandais catholique y courent avec le même enthousiasme. A quoi attribuer cette préférence, si ce n'est aux institutions? Cet accroissement prodigieux de population, le plus remarquable sans contredit que puisse nous offrir l'histoire, c'est la plus éclatante consécration que le principe de la libre colonisation ait jamais reçue.

Si, au lieu de laisser aux émigrants la liberté absolue d'agir à leur guise, on eût dit aux premiers venus : Vous exploiterez telle mine située en tel lieu; à ceux arrivés un peu plus tard, vous serez agriculteurs et vous irez vous fixer dans tel district, dans tel village que nous avons projeté; aux uns, vous serez commerçants; aux autres, vous serez ouvriers; si, outre cette passion de tout règlementer, il y eût eu une armée nombreuse, faisant sentir à tous l'autorité dont elle aurait été investie, nous doutons fort, malgré les richesses incalculables que possède ce pays fortuné, que la colonisation n'y eût pas été étouffée avant d'y naître ; et avouons, quoi qu'il puisse en coûter à notre orgueil national, qu'il fût heureux pour la Californie le jour où le roi Louis-Philippe eut la faiblesse de lui refuser le protectorat de la France.

Puisque la liberté a enfanté de tels prodiges en Amérique, pourquoi ne favoriserait-elle pas en Algérie la mise en culture du sol? En tout cas, on a essayé tant de systèmes différents, qu'on ne perdrait rien à en tenter un nouveau. La liberté de la presse, par exemple, offre encore quelques inconvénients dans notre vieille société française; il vaut mieux, sans doute, attendre la solution définitive des affaires d'Italie avant de la rendre à notre pays; mais il n'en est pas de même en Afrique, où les questions politiques occupent forcément un rang accessoire, où la question importante, capitale, est celle de la colonisation. Le gouvernement local, quelle que soit sa bonne volonté, ne pouvant tout voir par lui-même, trouverait dans cet auxiliaire vigilant un concours précieux pour la répression des abus. D'ailleurs, partout où existe une grande activité commerciale et industrielle, on trouve de nombreux organes de publicité; aussi avons-nous vu avec un douloureux étonnement une ville américaine, qui compte à peine quatorze années d'existence, possédant deux journaux français quotidiens, tandis que la capitale de l'Algérie n'a qu'un seul journal, et encore ne paraît-il que quatre fois par semaine !

La véritable manière d'enrichir notre colonie africaine n'est pas d'y apporter sans cesse l'or de la mère-patrie; mais, s'il faut faire des sacrifices en sa faveur, un des plus féconds serait, sans nul doute, l'abolition pure et simple des droits de douane, tant sur les articles français que sur les marchandises de provenance étrangère. Les entrepôts de commerce qui prospèrent à Gibraltar auraient bientôt de nombreux rivaux dans les principaux ports du littoral algérien ; le prix des denrées de consommation, quoique peu élevé, s'abaisserait encore, et la vie à bon marché, cette ombre fugitive que tant de familles poursuivent vainement, ne tarderait pas à attirer en Afrique un certain nombre de Français, peut-être même d'étrangers.

La grande question de l'émancipation progressive des colonies a été soulevée en Angleterre, après l'adoption du libre-échange. Dès que les céréales, les sucres et les cafés de tous pays purent faire une entière concurrence aux produits coloniaux sur tous les marchés de la métropole, les possessions lointaines de la Grande-Bretagne se trouvèrent privées d'une grande partie de leurs prérogatives; comme juste compensation, elles réclamèrent, et la chambre des communes adopta, une loi les autorisant à se servir du pavillon étranger, tant pour exporter leurs denrées de toutes sortes que pour importer les différents objets nécessaires à leurs besoins. Satisfaisant aussi aux aspirations des principales colonies, le parlement leur a accordé la liberté d'administrer leurs affaires intérieures comme elles le jugeraient convenable. En reconnaissant l'autonomie du Canada, du Cap, de l'Australie, de la Nouvelle-Zélande et de la Tasmanie, les hommes d'Etat anglais ont donné à ces diverses contrées le signal de leur émancipation.

La nouvelle réforme commerciale vient d'introduire les principes du libre-échange dans notre législation. En entrant résolument dans la voie où nos voisins l'avaient précédé, notre gouvernement devait forcément imiter, pour nos établissements lointains, l'exemple des ministres anglais. Aussi vient-il de proclamer le principe de l'assimilation économique des colonies à la métropole. Mais pour qu'elle soit efficace et satisfasse entièrement les habitants de nos Antilles et de Bourbon, il faut que cette assimilation soit complète, il faut traiter ces îles comme les départements de la France pour les tarifs du commerce. La métropole ayant pris le droit d'acheter le sucre et le café partout où elle y trouvera son intérêt, il est équitable que nos colonies aient le droit de vendre leurs produits à ceux qui voudront en donner le prix le plus élevé, et il est également nécessaire qu'elles puissent les faire transporter sur les marchés européens au meilleur marché possible, ce qui implique forcément l'égalité absolue de tous les pavillons. D'autre part, les marchandises d'origine étrangère pouvant être importées en France et y être vendues dès qu'elles ont été grevées de certains droits de douane, il est juste que nos colonies reçoivent l'autorisation d'importer par tous pavillons les objets dont elles ont besoin, quelle que soit d'ailleurs leur provenance, sans que ces marchandises soient soumises à des tarifs plus élevés que ceux qu'elles supportent à leur entrée dans les ports de la mère-patrie.

Les tarifs différentiels étaient autrefois le complément du système prohibitif; aujourd'hui, par suite de l'extension que le libre-échange va donner à notre commerce extérieur, ils deviennent nuisibles à nos fabricants. La prohibition a eu des effets avantageux en développant le génie manufacturier de notre pays, tandis que les tarifs différentiels, établis pour favoriser l'accroissement de notre marine marchande, n'ont pas stimulé son extension, comme on devait l'espérer. A partir de 1826, notre commerce spécial d'exportation avec les diverses contrées de l'univers a augmenté dans de vastes proportions; notre flotte marchande, qui faisait avant cette époque les deux tiers de nos transports à l'étranger, n'en fait plus actuellement que la moitié. La marine britannique, depuis 1849, époque où fut abrogé le fameux acte de navigation proposé par Cromwell au long parlement, s'accroît chaque année de 300,000 tonneaux; et malgré la magnifique position maritime de notre pays, dont les côtes bordent les trois mers les plus importantes qu'il y ait au monde, malgré l'application de la vapeur à la navigation, la nôtre ne s'accroît annuellement que de 20,000 tonneaux. De la comparaison de ces deux chiffres ne résulte-t-il pas qu'il y a lieu d'adopter une législation plus libérale? Voulant ouvrir de nouveaux débouchés à nos produits, le gouvernement a supprimé les droits d'entrée sur les matières premières; il s'efforce actuellement de diminuer le prix des transports sur les voies fluviales, les canaux et les chemins de fer. Cependant, nos fabricants ne sauraient soutenir avec leurs rivaux une lutte pacifique sur tous les marchés de l'univers, tant qu'ils auront à payer à notre commerce maritime, pour l'envoi de leurs marchandises aux divers points où elles doivent être vendues, une sorte de prime dont les manufacturiers anglais sont affranchis vis-à-vis des armateurs de leur nation. Nous devons convenir que l'abolition immédiate des tarifs différentiels porterait un coup sensible à notre marine marchande ; mais de même que, tout en supprimant la prohibition absolue, le gouvernement a conservé des droits protecteurs, sur une foule d'objets divers, de même, en abolissant le monopole de notre commerce maritime, il ne doit arriver que progressivement à l'égalité des pavillons.

Les personnes intéressées au maintien des lois de navigation actuelles prétendent que leur abrogation entraînerait une grande diminution dans le nombre des matelots de l'inscription maritime ; même en fût-il ainsi, le mal ne serait pas irréparable. Nous ne comprenons pas les louanges exagérées que l'on prodigue d'habitude à cette institution. Pendant la guerre de Crimée, les dernières levées ont envoyé sur nos vaisseaux des hommes déjà âgés, mariés pour la plupart, et dont les moyens d'existence, qui consistaient le plus souvent dans la pêche côtière, se trouvaient anéantis par suite de leur rappel sous les drapeaux. Laissant de côté la question d'humanité, nous pouvons affirmer que tous ceux qui ont été appelés à juger les services rendus par ces marins à bord de nos bâtiments de guerre conviendront avec nous qu'ils auraient été peu utiles le jour du combat. Ne serait-il pas préférable d'adopter un système mixte qui, laissant toujours à l'inscription maritime la grande part dans le recrutement des matelots nécessaires à nos escadres, conserverait à leurs familles les hommes ayant dépassé trente ans, et s'adresserait à la conscription pour lui demander dans une plus large part les canonniers et les fusiliers dont notre marine militaire a un si grand besoin ?

En donnant à celles de nos colonies qui ont une population européenne suffisante la liberté de commerce et la liberté d'administrer leurs affaires intérieures, ne serions-nous pas en droit de leur dire : — Nous gardons à notre charge les frais d'entretien de nos garnisons, nous continuerons à payer avec notre or les fortifications que nous jugerons à propos d'établir, les grands travaux d'utilité publique que nous reconnaîtrons nécessaires, mais réglez vos budgets locaux de manière à pourvoir aux autres dépenses. — En tout cas, ce serait une solution préférable au *statu quo* indéfini.

Quant à celles de nos colonies où tous les efforts pour attirer le courant de l'émigration ont échoué, nous n'hésitons pas à proposer leur abandon définitif. Cependant, si on doit continuer à les occuper, qu'on les fortifie du moins de manière que les marins, chargés un jour de les défendre, ne sachent pas d'avance que la résistance est inutile et qu'ils ne combattent que pour sauvegarder l'honneur des armes.

L'Algérie, par sa position spéciale, la vaste étendue de son territoire, l'isolement de ses 200,000 Européens en face de 2,500,000 indigènes, réclamera long-temps encore des institutions à part. Pendant les trois dernières années, grâce à l'intelligente initiative des deux dignitaires qui avaient été successivement chargés de l'administrer, de nombreuses améliorations ont été réalisées dans presque tous les services. Néanmoins, le gouvernement a pensé que le ministère spécial centralisait les affaires algériennes trop loin de leur véritable théâtre. La nomination d'un gouverneur-général, avec des pouvoirs assez étendus pour faire cesser les lenteurs, les incertitudes qui paralysent tout progrès, sera sans nul doute une création utile pour notre colonie, et nous pouvons dire que le vainqueur de Sébastopol est toujours le favori de la fortune, car, à peine entré en fonctions, les événements qui se précipitent en Amérique vont lui fournir, pour donner une impulsion décisive à la colonisation, la plus belle occasion qui se soit jamais offerte aux hommes qui ont dirigé l'Algérie depuis le jour de la prise de possession. La grande lutte qui va s'engager entre les Etats libres et les Etats à esclaves diminuera nécessairement l'émigration européenne vers ces parages, comme aussi elle entravera la culture du coton ; or, les immenses plaines incultes de l'Algérie peuvent fournir à nos manufactures cette précieuse matière première : les Irlandais et les Allemands sont toujours obligés de s'expatrier, le moment est donc solennel ; le maréchal, n'en doutons pas, saura l'utiliser.